Jörg Schönbohm

Politische Korrektheit

Jörg Schönbohm

Politische Korrektheit

Das Schlachtfeld der Tugendwächter

Manuscriptum

Die Deutsche Nationalbibliothek verzeichnet diese Publikation in der Deutschen Nationalbibliographie; detaillierte bibliographische Daten sind im Internet über http://dnb.d-nb.de abrufbar.

2. Auflage 2010

Umschlaggestaltung: Achim Schmidt, Waltrop
ISBN 978-3-937801-56-8

Eine neue *lingua franca*

Gerne preisen wir unsere Meinungsfreiheit als eine der wichtigsten Errungenschaften der Demokratie. Wir sind stolz auf den Meinungspluralismus in unserer Gesellschaft, treten leidenschaftlich für weltanschauliche Toleranz ein und loben – wo immer es geht – unsere demokratische Streitkultur. Doch wie steht es tatsächlich um die Meinungsfreiheit und die geistige Unabhängigkeit in unserer Gesellschaft?

Bisweilen kann man sich des Eindrucks kaum erwehren, daß ein machtvolles Meinungskartell das Kommando über die politische Gesinnung im Lande übernommen hat. Ihre mächtigste und wirkungsvollste Waffe bei diesem Manöver ist die sogenannte Politische Korrektheit, auch Political Correctness (PC) genannt.

Es ist noch nicht lange her, da hätte wohl niemand etwas mit dem zunächst harmlos klingenden Begriff anfangen können. Mittlerweile ist er jedoch in aller Munde. Die

Politische Korrektheit hat sich zur neuen *lingua franca* unserer Gesellschaft entwickelt. Wer ihre Vormachtstellung und damit ihre Deutungshoheit in Frage stellt, mit dem wird kurzer Prozeß gemacht – sollte er nicht bereits durch den politisch korrekten Lynchmob medial aufgeknüpft worden sein. Die obligatorische Empörungsarie fungiert mittlerweile als allmächtige rhetorische Allzweckwaffe, die sich als besonders geeignet erwiesen hat, unsere Sprache, unser Denken und unser Gewissen zu kontrollieren und in die „richtigen" Bahnen zu lenken.

Die immer häufiger zu beobachtenden Exzesse der Political Correctness haben sich zu einer ernsthaften Gefahr für unsere Demokratie und insbesondere für unsere Meinungsfreiheit entwickelt. Die Liste jener, die der PC-Inquisition zum Opfer fallen, wird von Tag zu Tag länger. Die Empörungsmaschinerie ist mittlerweile gut geölt.

Es hat jedoch nur noch bedingt etwas mit Demokratie zu tun, wenn eine kleine Minderheit darüber entscheidet, wer worüber sprechen darf und was als „salonfähig“ gilt. Die allgegenwärtige Political Correctness will eine künstliche Meinungshomogenität erzeugen. Ein fairer und offener Disput wird schlichtweg außer Kraft gesetzt. Freie Meinungen und Gedanken werden normiert, um ein Meinungsmonopol zu errichten. Positionen, die anecken könnten, werden systematisch rundgelutscht.

„Selbst wer an deine Unschuld glaubt, wird dich verlassen ...“

Eine solche Gesinnungsmanipulation ist kein neues Phänomen. Bereits im alten Athen fanden Bücherverbrennungen statt – die wahrscheinlich unverhohlenste Art der geistigen Zensur. Viele Jahrhunderte später, im Jahr 1835, erforschte Alexis Graf Tocqueville in seiner glänzenden und prophetischen Analyse „Über die Demokratie in Amerika“[1] den „Einfluß der Mehrheit auf das Denken“.

[1] Alexis de Tocqueville: Über die Demokratie in Amerika, Frankfurt 1956.

Despoten, so Tocqueville, hätten, um den Geist zu treffen, immer den Körper geschlagen. Jedoch habe diese Methode nicht verhindern können, daß sich der Geist doch bisweilen unter den Schlägen erhebt und schließlich über den Despotismus triumphiert. In einer demokratischen Republik gehe die Tyrannei jedoch anders zu Werke: sie zielt nicht auf den Körper, sondern ganz direkt auf den Geist. Tocqueville wörtlich: „Der Machthaber sagt hier nicht mehr: ‚Du denkst wie ich, oder du stirbst'; er sagt: ‚Du hast die Freiheit, nicht zu denken wie ich; Leben, Vermögen und alles bleibt dir erhalten; aber von dem Tag an bist du ein Fremder unter uns. Du wirst dein Bürgerrecht behalten, aber es wird dir nicht mehr nützen; denn wenn du von deinen Mitbürgern gewählt werden willst, werden sie dir ihre Stimme verweigern, ja, wenn du nur ihre Achtung begehrst, werden sie so tun, als versagten sie sie dir. Du wirst weiter bei den Menschen wohnen, aber deine Rechte auf menschlichen Umgang verlieren. Wenn du dich einem unter deinesgleichen nähern wirst, so wird er dich fliehen wie einen Aussätzigen; und selbst wer an deine Unschuld glaubt, wird dich verlassen, sonst meidet man auch ihn. Gehe hin in Frieden, ich lasse dir das Leben, aber es ist schlimmer als der Tod.'" Es hat sich nicht viel verändert in den letzten zweihundert Jahren.

Um etwas über Gesinnungstyrannei zu erfahren, hätte Tocqueville jedoch noch nicht einmal ins ferne Amerika reisen müssen. Ein Blick in die jüngere Geschichte seines Heimatlandes Frankreich hätte genügt. Während der Französischen Revolution hatte Maximilien de Robespierre eine regelrechte Schreckensherrschaft errichtet, in der der Staat zu einem Gesinnungserzieher werden sollte.

Robespierre genügte es nicht, daß sich die Bürger brav an die Gesetze hielten. Er wollte, daß sie auch die richtige Gesinnung – nämlich die republikanische Tugendgesinnung – entwickelten. Um dieses Ziel zu erreichen, erfand er sogar eine neue Staatsreligion: den „Kult des höchsten Wesens". Auf diese Weise dauerte es nicht lange, bis aus der Demokratie ein Terrorsystem wurde, in dem jeder, der eine abweichende Haltung vertrat, ständig damit rechnen mußte, sein Leben durch die Guillotine zu verlieren – selbstverständlich im Namen von *Liberté*, *Egalité* und *Fraternité*.

Heute muß glücklicherweise niemand mehr um sein Leben fürchten, nur weil er eine abweichende Meinung vertritt. Dennoch wahrt die Politische Korrektheit auf beeindruckende Weise ihren Einfluß in unserer Gesellschaft. Subtil und effektiv durchdringt das PC-Denken sämtliche Lebensbereiche – selbst dort, wo man es kaum vermutet.

Was etwa 1845 im „Struwwelpeter" noch in ganz unbefangenen Worten als Plädoyer für menschliche Gesinnung und Toleranz vorgetragen wird, könnte heute (s. u.) bald ein Fall für die Tugendwächter werden. Bekanntlich wird in diesem berühmten Kinderbuch unter anderem die Geschichte von einigen bösen Buben erzählt, die einen Schwarzen bzw. „kohlpechrabenschwarzen Mohr", wie er im „Struwwelpeter" genannt wird, wegen seiner Hautfarbe hänseln. Der große Nikolas ermahnt daraufhin die Kinder:

„Ihr Kinder, hört mir zu,
und laßt den Mohren hübsch in Ruh'!
Was kann denn dieser Mohr dafür,
daß er so weiß nicht ist, wie ihr?"

Als sich die Buben auch von diesen Worten nicht beeindrucken lassen, packt sie der große Nikolas kurzerhand an den Beinen und tunkt sie kopfüber in ein großes Tintenfaß, so daß diese am Ende schwärzer als der Mohr sind.[2]

Natürlich dachte Heinrich Hoffmann, der Schöpfer des Struwwelpeters, noch nicht an Political Correctness im heutigen Sinne. Ihm ging es vielmehr ganz schlicht um

[2] Heinrich Hoffmann: Der Struwwelpeter, Frankfurt 1845.

Menschlichkeit, um den Schutz von Menschen, ganz gleich welcher äußerlichen Merkmale, vor Beleidigung, Ausgrenzung und Diskriminierung. In der Geschichte werden die Kinder eben deshalb bestraft, weil sie den Mohren wegen seines Andersseins – seines Schwarzseins – beleidigt hatten. Die „korrekte" Bezeichnung des Schwarzen spielt bei Hoffmann noch keine Rolle, heute dafür eine umso größere.

Ein unvergleichlicher „Siegeszug"

Die Political Correctness, wie wir sie heute kennen, hat ihren Ursprung in der amerikanischen Bürgerrechtsbewegung bzw. in der Gleichberechtigungsbewegung. Ausgehend von den nordamerikanischen Universitäten setzte die PC-Bewegung seit den sechziger Jahren zu einem unvergleichlichen „Siegeszug" an. Die linken Protestler verbanden mit der Political Correctness die Hoffnung, daß eine veränderte Sprache auch Diskriminierungen von benachteiligten Gruppen – vor allem die Diskriminierung der schwarzen Minderheit und die Diskriminierung der Frauen – abschaffen würde.

Kontinuierlich wurde ein rigider Sprachkodex kreiert, der schließlich allen nur denkbaren Minderheiten gerecht werden sollte. Als Allzweckwaffe der Bedenkenträger steigerten sich die politisch korrekten Sprachnormierungen bis ins Absurde. Alle Minderheiten mit ihren individuellen Anliegen sollten berücksichtigt werden. Daß dies zum Scheitern verurteilt ist, ist offensichtlich.

Die Komplexität der politisch korrekten Sprache wird noch dadurch gesteigert, daß sich die entsprechenden Begriffe in rasanter Geschwindigkeit abnutzen. Begriffe, die gestern noch politisch korrekt waren, sind heute schon überholt und gelten als diskriminierend. Sei es aus Übereifer, sei es aus reiner Daseinsrechtfertigung: In regelmäßigen Abständen frißt die Political Correctness ihre eigenen Wortschöpfungen, nur um anschließend neue Begriffe auszuspeien.

Die „Euphemismus-Tretmühle"

Der US-Psychologe Steven Pinker hat hierfür einen passenden Begriff geprägt: „Euphemismus-Tretmühle"[3]. Seine sprachwissenschaftliche Theorie besagt, daß jeder politisch korrekte Euphemismus eines Tages einen negativen Klang annehmen wird, solange sich an den realen Verhältnissen nichts ändert. Es ist noch nicht lange her, da löste das Wort „Behinderter" den „Krüppel" ab. Heute gilt auch dieser neue Begriff wiederum als überholt und diskriminierend. Stattdessen etabliert sich allmählich die Formulierung „Mensch mit Behinderung" oder besser noch: „Mensch mit besonderen Bedürfnissen". Im Englischen ist man schon einen Schritt weiter. Hier spricht man bereits von „Menschen mit anderer Begabung".

Ähnliches ist bei der Bezeichnung für „Ausländer" zu beobachten. Mittlerweile

[3] Steven Pinker: Worte und Regeln. Die Natur der Sprache. Spektrum, Heidelberg 2000.

gilt der Begriff als ausgrenzend und herabwürdigend. Auch die Bezeichnung „Gastarbeiter" sollte tunlichst vermieden werden, da die Betonung des „Gaststatus" heutzutage nicht mehr zutreffend sei. Neuestes Produkt der Euphemismus-Tretmühle ist daher nun der „Mensch mit Migrationshintergrund".

Vom „Neger" zur *„Person of African Race"*

Am klarsten wird die Funktionsweise der Euphemismus-Tretmühle bei der politisch korrekten Bezeichnung der Nachkommen der afrikanischen Sklaven – oder politisch korrekt gesagt: der versklavten Afrikaner (hierauf wird Wert gelegt). Eine Diskussion hierüber ist nur mit äußerster Sensibilität zu führen. Wer sich an dieses Thema wagt, sollte genau wissen, worauf er sich einläßt.

An der Bezeichnung jener, die früher „Neger" genannt wurden, lassen sich die Entwicklungsschritte gut verdeutlichen.

Das abwertende „Neger" oder „Nigger" wurde durch *„Colored People"* ersetzt. *„Colored People"* wurde wiederum zu *„Black People"*. Und die *„Black People"* wichen schließlich den *„Afro-Americans"* oder später den *„African Americans"*. Zur Zeit wird die Bezeichnung *„Persons of African Race"* favorisiert.

Ins Deutsche läßt sich diese Bezeichnung jedoch kaum übertragen. Der Begriff „Menschen afrikanischer Rasse" stieße bei uns mit Sicherheit auf erheblichen Widerstand. „Rasse" zählt schließlich zu jenen Wörtern, die in uns sofort einen Political-Correctness-Reflex auslösen. Dies war wohl auch der Grund dafür, daß das Deutsche Institut für Menschenrechte im Jahr 2008 dazu aufrief, den Terminus aus unserem Sprachgebrauch zu tilgen.[4] „Rasse" sei ein Begriff, so der Direktor des Instituts, von dem man nicht sagen könne, „daß er in irgendeiner Weise unschuldig verwendet werden kann. Er ist immer – und nicht nur in Deutschland

[4] Interview im Deutschlandradio v. 9. Sept. 2008.

– ein Träger rassistischer Abwertung und rassistischer Ausgrenzung gewesen." Und weiter: „Der Kampf gegen Rassismus kann nicht glaubwürdig geschehen, wenn man an diesem so belasteten, von Anfang an so vergifteten Begriff der Rasse festhält."

Da man jedoch kaum vom „Kampf gegen den Rassismus" sprechen kann, ohne auch das Wort „Rasse" zu erwähnen, kommt es zu den umständlichsten sprachlichen und logischen Verrenkungen. In der Antidiskriminierungsrichtlinie der Europäischen Union heißt es beispielsweise: „Die Europäische Union weist Theorien, mit denen versucht wird, die Existenz verschiedener menschlicher Rassen zu belegen, zurück. Die Verwendung des Begriffs ‚Rasse' in dieser Richtlinie impliziert nicht die Akzeptanz solcher Theorien."[5]

[5] Richtlinie 2000/43/EG des Europäischen Rates vom 29. Juni 2000 zur Anwendung des Gleichbehandlungsgrundsatzes ohne Unterschied der Rasse oder der ethnischen Herkunft.

Letztendlich bewirken die zahlreichen Sprachtabuisierungen jedoch keineswegs eine gesellschaftliche Besserstellung der diskriminierten Gruppen, sondern lediglich ein hohes Maß an Verwirrung und Unsicherheit in der Bevölkerung. Nicht selten tritt die eigentliche politische Problematik bei den Begriffsspielereien der politisch Korrekten vollständig in den Hintergrund. Die Diskussionen drehen sich nur noch um die vermeintlich korrekte, nichtdiskriminierende Bezeichnung. Keiner spricht jedoch über die Diskriminierung an sich. Trotz aller sprachlichen Anpassungen und Umbenennungen sind z. B. Schwarze in vielen Ländern nach wie vor schlechtergestellt als Weiße – daran ändert auch die Wahl eines Schwarzen zum US-Präsidenten nichts.

„Zehn Kinder, diesmal mit dunkler Hautfarbe"

Vollends absurd wird es, wenn deutsche Zuckerbäcker Negerküsse und Mohrenköpfe in Schokoküsse oder Schaumzapfen umbenennen müssen. Auch die Marketing-Abteilung der Firma Sarotti zollte der Political Correctness Tribut. Nicht nur, daß der Mohr aus Gründen der Politischen Korrektheit sein Tablett ablegen mußte, das ihn offensichtlich als zu unterwürfig und devot erscheinen ließ. Seit 2004 firmiert er außerdem unter einem neuen Namen: aus dem berühmten Sarotti-Mohren wurde kurzerhand der „Sarotti-Magier der Sinne". Die Umbenennung war wohl unumgänglich, schließlich gilt die Bezeichnung „Mohr" heutzutage als ähnlich verletzend und herabwürdigend wie der Begriff „Neger". Dabei ist der Wortursprung eigentlich denkbar harmlos. Das Grimmsche Wörterbuch offenbart, daß das Wort ursprünglich keinerlei negativen Beigeschmack hatte. So leitet sich „Mohr" schlichtweg von der Bezeichnung „Maure" ab, die wiederum auf das griechische Wort „mauros", also „dunkel", zurückgeht. Ebenso verhält es sich mit dem Begriff „Neger". Dieser verweist auf das lateinische Wort „niger" und bedeutet somit schlichtweg „schwarz".

Dies änderte jedoch nichts daran, daß auch das bekannte Kinderbuch „Zehn kleine Negerlein“ der politischen Korrektheitszensur zum Opfer fiel. Hier hat die Sprachsäuberung ganze Arbeit geleistet. Neuauflagen laufen nun zumeist unter dem Titel „Zehn kleine Kinderlein“. Auch dem gleichnamigen Krimi-Klassiker von Agatha Christie ging es an den Kragen. Er steht nun unter dem Titel „Und dann gab's keines mehr“ in den Regalen der Buchhändler.

Der Pestalozzi-Verlag aus Erlangen wehrte sich hingegen erfolgreich gegen eine Umbenennung des alten Kinderbuches. Hier wird auch weiterhin die Geschichte der „zehn kleinen Negerlein“ erzählt. Jedoch sah man sich zumindest im Klappentext zu einer gewissen Differenzierung genötigt. In wunderschönem politisch korrekten Deutsch ist dort zu lesen: „Zehn Kinder, diesmal mit dunkler Hautfarbe, lassen sich immer neue Spiele einfallen.“[6]

[6] Felicitas Kuhn/Cilly Schmitt-Teichmann: Zehn kleine Negerlein, Erlangen 1996.

Die Politische Korrektheit scheitert an dem Versuch, tatsächliches Verständnis für die Belange der Minderheiten zu erzeugen. Stattdessen verstärkt sie die gesellschaftliche Fragmentierung und Gruppenbildung. Gemeinschaft und Gemeinsinn sind so nur schwer realisierbar. Zudem werden die Diskurs- und Erkenntnisfähigkeit sowie die Neugier auf Neues begrenzt. Bereits in den achtziger Jahren hat Allan Bloom dies in seinem Buch „The Closing of the American Mind"[7] eindrucksvoll beschrieben. Was damals galt, gilt heute umso mehr.

Von „sozial Separierten" und „vertikal Herausgeforderten"

Das ständige Kreieren neuer Sprachtabus und die absurde Suche nach immer neuen Ersatzbegriffen führt letztlich ins Lächerliche. Es hat daher schon etwas von

[7] Allan Bloom: The Closing of the American Mind. How Higher Education Has Failed Democracy and Impoverished the Souls of Today's Students, New York 1987.

Satire, wenn die Bundestagsfraktion von Bündnis 90/Die Grünen offiziell verkündet, daß man sich geeinigt habe, in Zukunft auf Ausdrücke wie „türken“, „getürkt“ oder „einen Türken bauen“ zu verzichten[8], oder wenn unlängst eine Abgeordnete dieser Partei einem politischen Gegner eine „Milchjungenrechnung“ vorwarf. Diese „Schöpfung“ ist insofern aufschlußreich, als sie zeigt, daß es gar nicht um tatsächliche Korrektheit geht, sondern hier würde – sofern man das überhaupt ernstnehmen kann – eine vermeintliche Diskriminierung durch eine neue ersetzt, die dann allerdings Letztgültigkeit beansprucht. Und so ganz nebenbei würde unsere Sprache einer originellen, auch kulturgeschichtlich sehr interessanten Wendung beraubt. So platt kann heute politische Auseinandersetzung im Hohen Hause geführt werden. Ebenso albern wirkt die Ächtung der Redensart „Das kommt mir spanisch vor“, da die Formulierung angeblich ein grundsätzliches

[8] Vgl. Der Spiegel v. 26. Februar 1996.

Mißtrauen gegenüber Spaniern befördere. Der Erziehungseifer der Gutmenschen macht vor nichts mehr Halt. Es ist wohl nur eine Frage der Zeit, bis auch „böhmische Dörfer", „schwedische Gardinen" oder das franzosenfeindliche „Kauderwelsch" dämonisiert und aus unserer Sprache verbannt werden.

Eine interessante Sammlung von politisch korrekten Stilblüten hat der italienische Schriftsteller Umberto Eco in seinem Buch „Im Krebsgang voran" zusammengestellt.[9] Sie haben zwar noch nicht alle Eingang in den deutschen Sprachgebrauch gefunden. Einige hätten es aber schon allein aufgrund ihrer Originalität und ihres hohen Unterhaltungswerts verdient.

So sollte beispielsweise ein Knast-Insasse politisch korrekt besser als „sozial Separierter" bezeichnet werden, ein Cowboy besser

[9] Umberto Eco: Im Krebsgang voran. Heiße Kriege und medialer Populismus, München 2007.

als „Funktionär der Rinderkontrolle“, ein Erdbeben als „geologische Korrektur“, ein Obdachloser als „residentiell flexibel“. Wer impotent ist, ist „erektional begrenzt“. Wer kleinwüchsig ist, ist „vertikal benachteiligt“ bzw. „vertikal herausgefordert“. Der Glatzkopf leidet nicht unter Haarausfall, sondern unter „follikulärer Regression“. So sind denn in der Welt der politisch Korrekten alle wichtigen Probleme gelöst: von der Impotenz bis zum Haarausfall. Man kann sich das Schmunzeln nicht verkneifen. Dennoch sind diese Bezeichnungen alle ernst gemeint. Die Liste der politisch korrekten Sprachungeheuer ließe sich beliebig fortsetzen. Der Soziologe Rainer Paris hat für dieses rhetorische Umerziehungsprogramm eine passende Bezeichnung gefunden: „Bescheuertheit“[10].

Als Paradefall für die Etablierung dieser Bescheuertheit führt Paris die feministi-

[10] Rainer Paris: Gender, Liebe & Macht, Waltrop und Leipzig 2008, S. 57 ff.

sche Sprachpolitik an. Noch vor wenigen Jahrzehnten konnte man es sich durchaus leisten, sich in einer Rede lediglich an „alle Bürger" zu wenden. „Bürger", das bedeutet nun mal die Gesamtheit aller Einwohner: Frauen und Männer, Mädchen und Jungen, Alte und Junge. Niemand wird ernsthaft durch den Begriff „Bürger" ausgegrenzt oder diskriminiert – er ist umfassend.

Durch die feministische Daueragitation ist es aber zu einer Veränderung der Hörgewohnheiten gekommen. Es gibt mittlerweile keine grammatikalische Form mehr, keine Wortbedeutung und keine Formulierung, die nicht im Namen der Politischen Korrektheit auf ihre vorgebliche „Männlichkeit" oder ihren latenten patriarchalischen Herrschaftsgehalt durchleuchtet wurde.

Im Namen des *Gender Mainstreaming* sollen die Geschlechterrollen vollständig dekonstruiert werden. Dabei geht es weniger um eine Gleichstellung der Geschlechter, sondern vielmehr um deren Aufhebung. Die *Gender*-Ideologen verfolgen keineswegs die

Förderung oder Besserstellung der Frauen. Sie wollen nicht die Lage des Menschen ändern, sondern den Menschen selbst – sie wollen eine Gesellschaft, die keinen Unterschied zwischen den Geschlechtern mehr kennt, weil dieser „anerzogen“ und nichts weiter als eine „Illusion“ sei. Was dies für Familienstrukturen und persönliche Identitäten bedeutet, kann man sich leicht vorstellen.

Folterknechtin, Faulpelzin, Dickschädelin

In der deutschen Sprache hat sich die Geschlechternivellierung bereits durchgesetzt. Als Folge müssen wir alle mit einem grausam entstellten Quotendeutsch leben. Wie selbstverständlich nehmen wir es hin, als „Bürgerinnen und Bürger“, als „Studentinnen und Studenten“, als „Mitarbeiterinnen und Mitarbeiter“ angesprochen zu werden. Wie würden wohl die Korrektheitsfetischisten im Englischen agieren, das diese sprachlichen Unterscheidungen gar nicht kennt?

Begierig wurde dieses Quotendeutsch vor allem in die Behördensprache integriert. Als Beleg möge an dieser Stelle das Saarländische Polizeigesetz dienen. In § 28, Abs. 3 ist beispielsweise zu lesen: „Der Einsatz einer *Verdeckten Ermittlerin* oder eines *Verdeckten Ermittlers* darf nur durch die *Richterin* oder den *Richter* angeordnet werden. Bei Gefahr im Verzug kann die Anordnung auch von der *Behördenleiterin* oder dem *Behördenleiter* getroffen werden. Die Anordnung der *Behördenleiterin* oder des *Behördenleiters* tritt außer Kraft, wenn sie nicht binnen drei Tagen von der *Richterin* oder dem *Richter* bestätigt wird." (Hervorhebungen von mir – J. S.)

Eine verschärfte Form dieser politisch korrekten Bescheuertheit ist das bei Feministinnen und *Gender-Mainstreaming*-Anhängern allseits beliebte Binnen-i, d. h. ein großes i in der Mitte des Wortes, das eine geschlechtsneutrale oder besser gesagt eine bisexuelle Umdeutung des Wortes anzeigen soll: also LehrerInnen mit großem i statt „Lehrerinnen und Lehrer".

Nur nebenbei bemerkt: das Binnen-i findet sich fast ausschließlich als Anhang von positiven oder zumindest neutral besetzten Wörtern wie ProfessorInnen, KünstlerInnen etc. Hat man hingegen schon einmal von VerbrecherInnen, MörderInnen oder TerroristInnen gehört? Auch von den Wörtern Folterknechtin (oder besser Foltermagd), Faulpelzin oder Dickschädelin hat *Gender Mainstreaming* bisher die Finger gelassen.

Der Gipfel feministischer Sprachabsurditäten ist aber noch lange nicht erreicht. Politische Korrektheit läßt sich nämlich auch von der Logik nicht aufhalten. Die ehemalige Berliner Frauensenatorin Anne Klein machte sich damit unsterblich, daß sie einmal die weiblichen Mitglieder des Berliner Senats mit „Liebe Mitgliederinnen" anredete.

„Herstory" statt *„History"*

Die Politische Korrektheit und die Logik leben sowieso in einer eher lockeren Partnerschaft. Da liest man schon einmal von der Forderung, daß der „Frauenanteil bei den Professorinnen" erhöht werden soll oder daß bei Auszubildenden die „kauffräuischen Kenntnisse" in die Leistungsbeurteilung mit einfließen sollen.

Jetzt aber, so könnte man denken, geht es nicht mehr bescheuerter. Es geht. Einigen *Gender-Mainstreaming*-Jüngern bzw. -Jüngerinnen ist nämlich aufgefallen, daß das Pronomen „man" doch recht diskriminierend sei. Ihr Vorschlag lautet daher, es durch das klein geschriebene Pronomen „mensch" zu ersetzen. In dieselbe Richtung zielt eine Initiative US-amerikanischer Historikerinnen, die sich für eine feministische Geschichtsschreibung einsetzen. Sie verlangen allen Ernstes, daß *„History"* durch das Wort *„Herstory"* ersetzt wird, da die Geschichte schließlich nicht allein *„his story"* sei.

Den Höhepunkt feministischer Sprachpolitik bildet schließlich die „Bibel in gerechter Sprache".[11] Ohne Rücksicht auf historische Richtigkeit wird hier von Hirtinnen und Hirten, von Zöllnerinnen und Zöllnern, Apostelinnen und Aposteln gesprochen. Auf diese Weise gerät die Geschlechtergerechtigkeit zur Farce. Das sind nicht nur sprachliche Absurditäten. Das sind vor allem auch historische Absurditäten.

Selbst die biblischen Gottesbezeichnungen wechseln sich nach einem bestimmten Quotenschlüssel ab. Mal heißt Gott der Ewige, mal die Ewige – mal die Lebendige, mal der Lebendige – mal die Eine, mal der Eine – mal die Heilige, mal der Heilige. Hinzu kommen die original hebräischen Bezeichnungen: Schechina, Adonaj, ha-Schem oder ha-Makom. Alles scheint möglich: nur nicht die gängigste aller Gottesbezeichnungen: „Herr" – das

[11] Die Bibel in gerechter Sprache, Gütersloh 2006.

schöne alte Wort „Herr". Sprachliche Bestimmtheit wird gezielt vermieden. Der Name des Herrn wird der Beliebigkeit und der Willkür preisgegeben.

Der Mann: ein männlicher Mensch

Auch das „Vaterunser" wurde mit einem neuen Text versehen. Es beginnt nun politisch korrekt mit den Worten: „Du, Gott, bist uns Vater und Mutter im Himmel […]." Bei Johannes lesen wir nun: „Ich bin der wahre Weinstock und Gott ist meine Gärtnerin." Ebenso ist nicht mehr von Jesus als dem „Sohn" Gottes die Rede, sondern nur noch vom „Kind" Gottes.

Bei der Schöpfungsgeschichte wird es schließlich vollends abstrus. Hier darf Adam nicht mal mehr als Mann bezeichnet werden, der er wohl unzweifelhaft war. Die Sittenwächter des *Gender Mainstreaming* bezeichnen Adam nur als „männlichen Menschen", als „Mann-Mensch" oder sprechen vom „Mensch als Mann".

Ein weiterer Tiefpunkt der Bibelübersetzer betrifft die Bezüge auf das Judentum. Offensichtlich befürchtete man, daß Jesus bei böswilliger Auslegung der Bibel leicht als Antisemit gelten könne. Schließlich warnte er die Juden wiederholt vor Glaubensverirrungen und falschen Ableitungen aus den Tora-Geboten. Für gewöhnlich leitete Jesus seine Belehrungen mit den Worten ein: „Ich aber sage euch [...]." Das erschien den Übersetzern dann wohl doch ein wenig zu besserwisserisch und oberlehrerhaft. Daher fand man nun versöhnlichere Worte: „Ich lege euch das heute so aus [...]."

Auch an anderen Stellen zeigte man sich bereit, Rücksicht auf die Befindlichkeiten der jüdischen Leser der Bibel zu nehmen. Daher wurde der Gottesname „Jahwe", der von orthodoxen Juden aus Ehrfurcht nicht ausgesprochen werden darf, gänzlich aus der Bibel gestrichen. Die Rücksichtnahme geht sogar so weit, daß man selbst vor sinnentstellenden Neuformulierungen nicht zurückschreckte. Wo es bei Amos früher noch hieß: „Reif zum Ende ist mein Volk Israel", steht heute nur noch „Reif ist mein Volk Israel". Daß dies eine völlig andere Bedeutung hat, schien niemanden zu stören. Aus vermeintlicher Abgrenzung vom Antijudaismus wird die sprachliche und sachliche Logik – von der historischen Richtigkeit ganz zu schweigen – kurzerhand über Bord geworfen. Nicht zu Unrecht sprechen Kritiker davon, daß die Bibel in gerechter Sprache eine theologische, sprachliche und stilistische Bankrotterklärung der evangelischen Kirche ist.

Kennzeichen totalitärer Diktaturen

Durch die neue Übersetzung wird versucht, den Christen einen vermeintlich politisch korrekten Glauben zu verordnen. Richtig schlimm wird es jedoch dort, wo versucht wird, dem Gläubigen regelrecht eine neue Denkart überzustülpen. Als Beispiel kann hierfür das sechste Gebot gelten. In der Lutherübersetzung heißt es noch: „Du sollst nicht ehebrechen." Ehebrechen setzt aber natürlich zunächst einmal die Ehe voraus. Das mußte den tugendhaften Weltverbesserern natürlich ein Dorn im Auge sein. Daher heißt es jetzt im 5. Buch Mose im schönsten Beamtendeutsch: „Verletze keine Lebenspartnerschaft!“ An anderer Stelle heißt es etwas profaner: „Geh nicht fremd!“

Der „Bibel in gerechter Sprache“ geht es keineswegs um Gerechtigkeit. Die einzige Gerechtigkeit, die aus diesem gewaltigen Ideologieprojekt spricht, ist Selbstgerechtigkeit. Damit wird die Festigkeit und Klarheit des Handelns mit der Beliebigkeit des *Gender Mainstreaming* vermanscht. Eine treffliche Kritik bringt das Problem des Ganzen auf den Punkt: „Übersetzer sind nicht dazu berufen, den Text der Bibel im Sinne vorgegebener Ideologien, Profile oder was auch immer es sein mag zu ‚verbessern‘, wie es hier geschehen ist [...] Wer eine nachlässige und verfälschte Version wie diese als Übersetzung ausgibt, der betrügt einen jeden Leser, der das Resultat nicht anhand der Grundtexte überprüfen kann.“ Und dies ist besonders bedenklich, weil in der Bibel „viele Menschen ungeschönte Aufschlüsse zu den letzten Dingen suchen". Sie nennt diese Art zu „übersetzen" unmißverständlich ein „unehrliches und hoffärtiges Vorgehen".[12]

Schon immer war es ein Kennzeichen totalitärer Diktaturen, daß die Umwälzung der Verhältnisse auch mit einer rigorosen Sprachnormierung einherging. Daher wäre es fatal, diese Bewegung mit einem Schmunzeln und einem Achselzucken einfach hinzunehmen, das Ganze als harmlose Sprachspielereien abzutun. Wer nämlich über die Sprache bestimmt, der bestimmt auch über das Denken.

George Orwell beschreibt dies bereits in seinem Buch „1984".[13] Durch die Einführung einer vom herrschenden Regime vorgeschriebenen, künstlich veränderten Sprache, des sogenannten *Newspeak*, sollten die

[12] Margret Popp: Unzuverlässig. Kundenrezension (25.11.2006) bei amazon.de.
[13] George Orwell: 1984, Berlin 2006.

Zahl und das Bedeutungsspektrum der Wörter verringert werden, um die Kommunikation zwischen den Bürgern besser kontrollieren zu können. Auf diese Weise sollte bereits abweichendes Denken verhindert und die Bevölkerung so gründlich manipuliert werden, daß sie nicht einmal an eine Revolte denken kann, da ihr die entsprechenden Wörter und Begriffe dazu fehlen.

Die Manipulation beginnt bereits im Kindesalter – vielleicht auch, weil wir dann noch am leichtesten zu beeinflussen sind. In England wurde beispielsweise kürzlich ein Leitfaden für Lehrer verabschiedet, der gewisse Sprachregelungen für den Unterricht festlegt. Die Lehrer werden dort tatsächlich dazu aufgerufen, gegenüber den Kindern demnächst nicht mehr von *„Mum and Dad"*, also Mutter und Vater, zu sprechen. Es könnte ja schließlich Kinder geben, die statt *„Mum and Dad"* eben nur *„Dad and Dad"* oder *„Mum and Mum"* als Bezugspersonen kennen. Um die Diskriminierung homosexueller

Erziehungsberechtigter zu vermeiden, sollen die Lehrer demnächst nur noch von *„Parents"* sprechen.[14]

Politische Korrektheit wird sogar durch die Schulbücher eingeimpft. Diane Ravitch, eine amerikanische Professorin für Erziehungsgeschichte und frühere Mitarbeiterin der US-Schulbehörde, beschreibt in ihrem Buch „The Language Police" in beeindruckender Weise, in welche Bereiche die allgegenwärtige Sprachpolizei in den USA bereits vorgedrungen ist.[15]

Weil wir in Deutschland die amerikanischen Entwicklungen immer mit einigen Jahren Verspätung nachholen, seien kurz einige Beispiele genannt: So wurde die Eule aus sämtlichen amerikanischen Schulbüchern getilgt – in Wort und Bild. Ein kleiner Stamm der *„Native Americans"*

[14] The Daily Telegraph vom 17. April 2008.

[15] Diane Ravitch: Language Police. How Pressure Groups Restrict What Students Learn, New York 2003.

(Indianer wäre nicht pc) hatte geklagt, daß für sie die Eule ein heiliges Tier sei und nicht in einem profanen Lehrbuch abgedruckt werden dürfe. Auch wenn es nicht zu bürgerkriegsähnlichen Ausschreitungen wie bei den Mohammed-Karikaturen kam, entfernte die US-Schulbehörde das Tier trotzdem aus den Büchern.

Eindrucksvoll beschreibt Ravitch, wie Linke und Rechte, religiöse Fanatiker, Feministinnen und Vertreter ethnischer Minderheiten Druck auf die Regierung ausüben. In dem ewigen Bestreben, es jedem recht zu machen, werden schließlich Schulbücher produziert, deren pädagogische Aussagekraft gegen Null tendiert.

Mittlerweile wird in den USA zukünftigen Lehrern sogar zum Abschluß einer besonderen Versicherung geraten. Wie Ärzte, die sich gegen eventuelle Kunstfehler versichern können, sollten sich Lehrer gegen den Vorwurf absichern, sie hätten den falschen Text oder den falschen Ton im Unterricht gewählt.

Gerade weil manche Beispiele, von denen Ravitch berichtet, so unglaublich für uns klingen und so unfaßbar sind, seien hier noch einige Beispiele angeführt: So wurde aus einem Schulbuch eine Geschichte über einen Schneesturm mit der Begründung gestrichen, daß manche Schüler in Gegenden lebten, wo es nicht schneit. Solche Schüler könnten sich natürlich leicht zurückgesetzt fühlen.

Ideologie pur!

Ravitch berichtet außerdem von einem Text, der von einem blinden Mann handelte, der den Mount Everest bestiegen hatte. Auch dieser Text mußte gestrichen werden. Die Begründung lautete: Durch die Geschichte werde der Stereotyp verbreitet, daß Blinde behindert seien und sich besonders anstrengen müßten, um dieses gesundheitliche Manko auszugleichen.

Auf diese Weise wird aus Schulbüchern alles ausgemerzt, was zum Nachdenken anregen könnte. Das traurige Resultat ist, daß die Sprachkenntnisse unserer Kinder verkümmern und ihr Wissen in zuvor bestimmte Bahnen gelenkt wird – Unwissenheit aus Vorurteil.

Vertraute Geschichten werden uns genommen. Büchern wie „Onkel Toms Hütte“ wird vorgeworfen, sie bedienten nach wie vor rassistische Klischees. Mark Twains Buch „Huckleberry Finn“ wurde inzwischen in mehreren Staaten der USA als Schullektüre verboten. Das Buch geriet aufgrund der Darstellung des Verhältnisses der Weißen und Schwarzen am Ende des 19. Jahrhunderts in das Kreuzfeuer der Kritik. Mittlerweile steht das Buch an vierter Stelle in der Liste der fünfzig *„banned books“*, also jener Bücher, die in den USA am häufigsten verboten werden.

Und sollte es uns nicht nachdenklich stimmen, wenn in einer Reihe deutscher Schulbücher zur Hetzjagd auf die Marktwirtschaft und damit indirekt auch auf die Unternehmer geblasen wird?[16] Eine sachliche Darstellung der sozialen Marktwirtschaft mit Betonung von Leistung und Verantwortung wird ersetzt durch Schlagworte wie Ausbeutung und Sozialdumping – Ideologie pur!

Die eigene Identität wird aufgegeben

Ebenso ist es der blanke Hohn, daß noch immer die stalinistisch-sowjetischen Ehrenmale in den neuen Ländern den öffentlichen Raum dominieren. Die Denkmale für die Protagonisten der kommunistischen Philosophie stehen nach wie vor in zahllosen ostdeutschen Städten. Dazu kommen reihenweise monumentale sowjetische Ehrenmale, die den antifaschistischen Kampf beschwören. Bis zum heutigen Tag gibt es zudem kaum ein Dorf auf dem Gebiet der ehemaligen DDR, das nicht

[16] Vgl. beispielsweise Garry Merrett: Schulbücher hetzen gegen die Marktwirtschaft, in: Die Welt v. 16. April 2008.

zumindest einen OdF-Platz („Opfer des Faschismus“), eine Ernst-Thälmann-Allee oder eine Clara-Zetkin-Straße aufweist.

Ob aus Feigheit, Faulheit oder Dummheit: mit einer verantwortungsvollen und angemessenen Erinnerungskultur, die in unserem Land so gerne beschworen wird, hat all dies wenig zu tun. Wichtiger als die Kenntnisse und Bewertung von Fakten sind heute „richtige“ Gesinnung und „genehme“ Meinungen.

Genau zu diesem Schluß gelangt auch Pascal Bruckner in seinem Buch „Der Schuldkomplex“: „Schuld und Reuegefühle lösen sich von den konkreten geschichtlichen Ereignissen und werden dogmatisch, eine Art spiritueller Ware, ja beinahe Tauschwährung. Zur Aufrechterhaltung dieses regelrechten geistigen Handels können sogar Funktionäre nach Art der alten Feuerwächter und Marktbüttel berufen werden, die Denk- und Sprechgebote aufstellen. Bei der geringsten Abweichung erheben diese Vorturner der Zerknirschung ihre

Stimme, betätigen sich als Sprachpolizisten und erteilen oder verweigern Imprimatur. In dieser großen Geistesfabrik sind sie es, die Türen öffnen oder schließen."[17]

Politische Korrektheit führt dazu, daß wir unsere eigene Identität aufgeben. Schließlich könnte alles, was uns ausmacht und alles, worüber wir uns definieren, bei anderen Vorbehalte hervorrufen. Also geben wir in vorauseilendem Gehorsam all das auf und hoffen, es damit allen schön recht zu machen.

Beim Thema Integration von Ausländern war das lange zu beobachten. Als Multikulti noch als quasireligiöses Heilsversprechen der Linken galt, setzte man sich leicht dem Vorwurf der Deutschtümelei aus, wenn man forderte, wer in unserem Land leben wolle, müsse auch unsere Sprache erlernen. Wer eine solche Forderung dennoch

[17] Pascal Bruckner: Der Schuldkomplex. Vom Nutzen und Nachteil der Geschichte für Europa, München 2008.

erhob, galt schnell als „nationalchauvinistisch“ und „ausländerfeindlich“. Hier hat glücklicherweise allmählich ein Umdenken stattgefunden.

Wo bleibt der Bekennermut?

Vor einiger Zeit sorgte eine Meldung aus England auch bei uns für Aufsehen. Eine Untersuchung hatte ergeben, daß auf der Insel drei Viertel aller Firmen Weihnachtsdekoration am Arbeitsplatz verbieten.[18] Als Begründung wurde angeführt, man wolle verhindern, daß sich nichtchristliche Arbeitskollegen davon belästigt fühlten. Zahlreiche Unternehmen verzichteten aus demselben Grund auf die sonst obligatorische Weihnachtsfeier.

Die Rücksichtnahme auf Andersgläubige führte sogar dazu, daß in manchen Regionen die öffentlichen Behörden untersagten, Weihnachtsschmuck und Lichterketten in

[18] Vgl. Focus v. 8. Dezember 2006.

den Fußgängerzonen und Einkaufszentren anzubringen. Manche Gemeinden dachten sogar laut über die Umbenennung des Weihnachtsfestes nach. Eine Diskussion, die in den USA schon seit vielen Jahren geführt wird. *Christmas greetings* werden beispielsweise bereits seit geraumer Zeit durch *Season greetings* ersetzt. Selbst ein bekennender Christ wie Präsident George W. Bush schrieb auf seine offizielle Weihnachtskarte nicht mehr „Frohe Weihnachten“ sondern „Das Beste für eine Feiertagssaison voller Hoffnung und Glück“. Sieht so christlicher Bekennermut aus? Schämt sich das christliche Abendland seiner christlichen Wurzeln?

Wir brauchen jedoch gar nicht ins Ausland zu schauen. Bei uns tut sich in dieser Beziehung ja auch einiges. Dabei meine ich noch nicht einmal die Diskussion über Kruzifixe in Klassenzimmern oder die Abschaffung des Religionsunterrichts. Der politische Korrektheitswahn führt mittlerweile dazu, daß man sich in Kindergärten und Schulen mit einem offenen Bekenntnis zum Christentum unendlich schwertut. Aus St.-Martins-Zügen werden da ganz schnell „Laternenfeste", aus dem Osterfeuer wird ein Ritual zur Begrüßung des Frühlings, und anstelle des Reformationstages feiern wir *Halloween.* Immer mehr Schulen verzichten ganz bewußt auf Weihnachtsfeiern oder veranstalten stattdessen eine multireligiöse Jahresendfeier. Niemand, der anderen Glaubens ist, soll verprellt werden.

Kreuzritter im Fußballtrikot

Auf diese Argumentation hat sich auch der Fußballverein Eintracht Frankfurt berufen. Im Internet hatte der Verein seine Fans dazu aufgerufen, über die Gestaltung des Trikots für die Saison 2008/2009 abzustimmen. Tausende Fans nahmen an der Abstimmung teil und wählten aus 16 Vorschlägen mit großer Mehrheit ein Trikot aus, das von einem großen schwarzen Kreuz auf weißem Grund dominiert wurde.

Umgesetzt wurde der Fan-Entscheid jedoch nicht. Die Vereinsführung machte plötzlich einen Rückzieher. In der Stadionzeitung teilte man den Fans mit, daß ihre Wahl leider nicht berücksichtigt werden könne. Die Begründung ist so interessant, daß sie hier im Original wiedergegeben sei: „Nach eingehender Prüfung wurde festgestellt, daß das Siegertrikot mit dem Kreuz leider nicht zu realisieren ist, da es sich bei diesem auf der Vorderseite um ein religiöses Symbol handelt." Nach „reiflicher Überlegung" habe man sich daher „im nachhinein für das zweite Siegertrikot" entschieden.

Wahrscheinlich ahnte die Frankfurter Vereinsführung bereits, was ansonsten auf sie zugekommen wäre. Der italienische Fußballverein Inter Mailand war nämlich kurz zuvor in einem ähnlichen Trikot bei einem Champions-League-Spiel aufgelaufen. Daß das rote Kreuz auf dem Trikot das Stadtwappen von Mailand symbolisierte, verhinderte nicht, daß dem Verein vorgeworfen wurde, er wolle mit dem Trikot die blutigen Folgen der Kreuzzüge verherrlichen. Die beiden Siege, die Mailand in den vermeintlichen „Kreuzritter"-Trikots gegen einen türkischen Verein errungen hatte, wurden schließlich sogar juristisch angefochten.

Ein anderer Fall von vorauseilender Selbstzensur sorgte im Jahr 2006 für Aufsehen. In Berlin wurde die Mozart-Oper „Idomeneo" kurzerhand abgesetzt – ein Kniefall vor der Politischen Korrektheit. Die Intendantin der Deutschen Oper befand damals, daß die provokante Inszenierung geeignet sei, die religiösen Gefühle von Muslimen zu verletzen. Der Regisseur hatte es schließlich gewagt, den Protagonisten Idomeneo in einem Epilog mit den abgeschlagenen Köpfen von Jesus, Buddha und Mohammed auf die Bühne treten zu lassen. Für die Intendantin stellte eine solche Szene jedoch „ein Sicherheitsrisiko von unkalkulierbarem Ausgang" dar.[19] Die vielgepriesene Freiheit der Kunst stieß hier scheinbar an ihre Grenzen. In Wirklichkeit jedoch

[19] Vgl. FAZ v. 27. September 2006.

provoziert diese falsche Rücksichtnahme genau das Gegenteil von dem, was sie bezweckt, und liefert Extremisten die besten Argumente.

Infiziert vom Betroffenheitsvirus

Es gibt keine Zensur mehr – Gott sei Dank! Aber es gibt den Aufstand der Anständigen – Gott sei's geklagt. Was wir momentan erleben, ist ein Amoklauf der Politischen Korrektheit. In allen Bereichen infizieren uns die Gutmenschen mit dem Betroffenheitsvirus, normieren die Sprache und bestimmen unsere Lebensgewohnheiten.

Wenn irgendwo ein Rentner oder ein Busfahrer zusammengeschlagen wird, dann lautet die erste Frage mittlerweile nicht mehr: „Wie geht es dem Opfer?", sondern: „Welche Mitverantwortung trägt die Gesellschaft, daß der Täter auf die schiefe Bahn geraten konnte?" Political Correctness führt auf diese Weise dazu, daß die Verantwortlichkeiten umgedreht werden. Aus Opfern werden Täter und aus Tätern Opfer.

Aus falschverstandener Toleranz billigen wir Verhaltensweisen, die eigentlich nicht hinzunehmen sind. Selbstverständlich ist Toleranz notwendig. Sie ist Voraussetzung für ein friedliches Zusammenleben einer Gesellschaft. In einem „Vielvölkerstaat" wie Preußen war die Toleranz geradezu der Kitt, der die heterogene Bevölkerung zusammenhielt. Bereits 1668 beschrieb der Große Kurfürst Friedrich Wilhelm I. die vielgepriesene preußische Toleranz als Verpflichtung eines jeden Menschen, den anderen zu „dulden, ja dem ohne Schuld Gebeugten zu helfen"[20]. Sichtbaren Ausdruck fand diese gelebte Toleranz schließlich im 1685 erlassenen Edikt von Potsdam, durch das Preußen zum „Rettungshafen für die Verfolgten, Beleidigten und Erniedrigten

[20] Otto Büsch/Wolfgang Neugebauer (Hrsg.): Moderne preußische Geschichte 1648–1947. Eine Anthologie. 3 Bde., Berlin/New York 1981, S. 1285.

ganz Europas" wurde, wie Sebastian Haffner schreibt.[21]

Weggucker, Duckmäuser und Leisetreter

Ganz im Sinne von Friedrich dem Großen bot der preußische Staat eine Heimstatt, in der alle nach ihrer Façon glücklich werden konnten – gleich ob französischer Hugenotte oder schottischer Presbyterianer, ob Waldenser oder Mennonit, ob Jude oder Katholik. Sie alle waren eingeladen, in Preußen ihr Glück zu versuchen, solange sie ihre Pflichten gegenüber dem Staat erfüllten und bereit waren, den anderen in seinem Anderssein anzunehmen und in seiner Eigenart zu dulden.

Eine universelle Toleranz jedoch wurde weder von Friedrich Wilhelm I. noch von Friedrich II. gefordert. Auch die beiden großen Vordenker der Toleranz Lessing und

[21] Sebastian Haffner: Preußen ohne Legende, München 1998, S. 78.

Voltaire lehnten eine allumfassende Toleranz ab. Überall nämlich, wo die Toleranz absoluten Rang erhält, wo man im Zeichen falschverstandener Duldsamkeit alles hinnimmt, dort wird die Moral abgeschafft, dort existieren keine Werte mehr, keine Normen, keine Verbindlichkeiten. Dort werden Meinungsfreiheit, Glaubensfreiheit und Redefreiheit nur noch toleriert, jedoch nicht mehr akzeptiert, respektiert und geschützt.

Wer Unrecht toleriert, wird selber zum Handlanger des Unrechts und zum Mittäter. Zu Recht gilt das Paradoxon: „Im Namen der Toleranz müssen wir uns das Recht vorbehalten, die Intoleranz nicht zu tolerieren." Toleranz bedeutet nicht lässiges Gewährenlassen. Davor warnte Theodor Heuss bereits vor mehr als fünfzig Jahren. Nur zu leicht schlägt sie nämlich in Bequemlichkeit, Untätigkeit und Gleichgültigkeit um. Ein fataler Werterelativismus nach dem Motto „Was bei uns als richtig gilt, muß nicht unbedingt woanders auch als richtig gelten" ist die Folge. In einer solchen Atmosphäre gedeiht weder Bürgermut noch Zivilcourage. Stattdessen haben Weggucker, Duckmäuser und Leisetreter Hochkonjunktur.

Der SPD-Politiker Carlo Schmid rief einmal zu mehr „Mut zur Intoleranz" auf.[22] Schmid lag damit gar nicht so verkehrt. Unserer Gesellschaft kann durchaus wieder etwas Mut zur Intoleranz brauchen – Intoleranz gegenüber jenen, die sich nicht an die Regeln unserer Gemeinschaft halten wollen, Intoleranz gegenüber jenen, die selbst intolerant sind.

Political Correctness und falschverstandene Toleranz führen dazu, daß den Menschen ein gedankliches Korsett angelegt wird. Das zeigt sich nicht zuletzt auch beim gesellschaftlichen Reedukationsprogramm „Umwelt- und Klimaschutz". Mittlerweile haben wir uns offenbar mit der Meinungsvorherrschaft der Ökoguerilla abgefunden.

[22] Carlo Schmid am 8. September 1948 vor dem Plenum des Parlamentarischen Rates.

Des Deutschen Lieblingsmusik ist der Schwanengesang – wir haben Gefallen an Weltuntergangsphantasien. Erst war es das Wald- und Artensterben, dann die Überbevölkerung und der atomare Super-Gau. Was damals Mülltrennung war, sind heute Dosenpfand und Feinstaub-Unfug. Wir ergötzen uns an der Apokalypse. Mittlerweile hat sich die Klimakatastrophe zu einer Art Ersatzreligion aufgeschwungen. Die Furcht vor dem Ozonloch, der Erderwärmung, der Gletscherschmelze, vor Mega-Tsunamis und globalen Dürren ist zu einem tagtäglichen Begleiter geworden.

Umweltschutz hat dabei nur noch wenig mit Wissenschaft zu tun. Vielmehr werden dogmatische Glaubenssätze formuliert, denen wir uns zu fügen haben. Schließlich steht das Jüngste Gericht bereits vor der Tür. Nur Buße und Umkehr führen zur Errettung. Gefordert wird die allumfassende Verhaltensnormierung: wir recyceln Müll, beziehen Öko-Strom, rüsten Rußpartikelfilter nach, benutzen Energiesparlampen, essen Bio-Fleisch und Öko-Kartoffeln. Die öko-ideologische Verblendung beschert uns zahllose neue Verbote, Vorschriften und Regelungen. Deutschland ist auf dem besten Weg in die Planwirtschaft – nicht im sozialistischen, sondern im tugendsamen Gutmenschen-Sinn.

Der Staat ist alles – Du bist nichts

Neben dem Umweltschutz ist vor allem die Gesundheit das große Schlachtfeld der Tugendwächter. Hier ist eine ganze Moralindustrie im Entstehen begriffen. Die Political Correctness wird durch eine „Health Correctness" ergänzt. Wir müssen fit bleiben, gut aussehen, abnehmen, ins Fitneßstudio, den Body-Mass-Index errechnen, wir müssen uns gesund ernähren, Cholesterin meiden und vor allem eines: das Rauchen aufgeben. Als wenn die Menschen grundsätzlich nicht wüßten, was gut für sie ist und wie sie glücklich werden – jeder auf seine Weise.

Wir erleben eine Entwicklung hin zu immer

mehr staatlichen Verboten – „der Staat ist alles, Du bist nichts“ scheint die Parole der Stunde zu sein. Hatten wir das nicht schon mal in unserer Geschichte? Die Diktatur des Guten ist zum Massenwahn geworden. Sie führt zu einer Schere im Kopf. Für Formulierungen und Handlungsweisen, die sich nicht den allgemein akzeptierten Standards anpassen, gibt es kein Pardon.

Eckhard Fuhr schrieb darüber einmal: „Die ehemaligen Avantgardisten der Menschheitsbefreiung sind zu Feldwebeln der Political Correctness geworden. Sie halten Ordnung auf dem Appellplatz der demokratischen Zivilgesellschaft (...) Das politische Klima in Deutschland ist stickig geworden. Unentwegt verteidigen ideologische Kammerjäger und Gesinnungsgouvernanten Demokratie und Liberalität in der Bundesrepublik.“[23]

[23] Eckhart Fuhr: Systematische Verlogenheit, in: FAZ v. 23. Dezember 1994.

Wir diskutieren schon lange nicht mehr über die Inhalte, sondern nur noch über die Verpackung. Das ist das Entlarvende an der Politischen Korrektheit. Statt sachlich zu diskutieren und unterschiedliche Auffassungen herauszuarbeiten, produzieren wir wohlklingende, aber nichtssagende Verbalblasen. Daß sie zerplatzen, sobald man sie ansticht, scheint niemanden zu stören. Hauptsache, man selber hat ein reines Gewissen.

Treffend analysierte dies bereits Le Bon in seiner „Psychologie der Massen“[24]. Er schreibt: „Nie haben die Massen nach Wahrheit gedürstet. Von den Tatsachen, die ihnen mißfallen, wenden sie sich ab und ziehen es vor, den Irrtum zu vergöttern, wenn er sie zu verführen vermag. Wer sie zu täuschen versteht, wird leicht ihr Herr, wer sie aufzuklären versucht, ihr Opfer.“ Diese Aussage gilt auch heute noch.

[24] Gustave Le Bon: Psychologie der Massen, Stuttgart 1982.

Startschuß zu Verunglimpfung und Diskreditierung

Bereits Napoleon, so fährt Le Bon fort, habe überhaupt nur eine einzige ernsthafte Redefigur gelten lassen: die Wiederholung. „Das Wiederholte befestigt sich so sehr in den Köpfen, daß es schließlich als eine bewiesene Wahrheit angenommen wird. (…) Wenn eine Behauptung oft genug und einstimmig wiederholt wurde, (…) so bildet sich das, was man eine geistige Strömung nennt, und der mächtige Mechanismus der Ansteckung kommt dazu. Unter den Massen übertragen sich Ideen, Gefühle, Erregungen, Glaubenslehren mit ebenso starker Ansteckungskraft wie Mikroben."

Ist es nicht das, was Political Correctness jeden Tag aufs neue tut? In penetranter Wiederholung schreibt sie uns vor, was wir sagen dürfen, ja sogar, was wir denken dürfen. Die Politische Korrektheit funktioniert mittlerweile nicht mehr nur als Sprachpolizei, sie ist zu einem perfiden

Gewissensmanipulator geworden. Wer verdächtig ist, der muß zum Tugend-TÜV und die Politische Korrektheit seiner Abgaswerte prüfen lassen.

Dieter E. Zimmer beschreibt in seinem Aufsatz „PC oder: Da hört die Gemütlichkeit auf" sehr passend die Stimmung in unserem Land: „Wer das Lager der PC in einem Punkt verläßt, wird sofort in das des Feindes eingewiesen."[25] Ist erst mal ein bestimmtes Tabuwort gefallen, ist das der Startschuß zur munteren Verunglimpfung und Diskreditierung. Wer Patriotismus einfordert, wird zum chauvinistischen Nationalisten. Wer an den Wert der Familie erinnert, wird zum ewiggestrigen Mutterkreuzzügler und zum Macho, der die Frau an den Herd zwingt. Müttern, die zuhause bleiben, um die Kinder zu erziehen, wird unterstellt, sie hätten nichts Ordentliches gelernt.

[25] Dieter E. Zimmer: PC oder: Da hört die Gemütlichkeit auf, in: Die Zeit v. 22. Oktober 1993.

Die Intoleranz der Tugendwächter

Letztlich verbirgt sich hinter der ideologiebedingten Säuberung der Sprache nichts anderes als die Intoleranz der selbsternannten Tugendwächter. Die katastrophalen Folgen dieser geistigen Selbstzensur sind Konformität und Uniformität des Denkens. Wir legen uns freiwillig den Maulkorb an. Denkfeigheit tritt an die Stelle freiheitlichen Bürgermuts. Freimütige demokratische Diskussionen werden im Keim erstickt und ganze Themenbereiche dem öffentlichen Diskurs entzogen. Wir brauchen die Freiheit der Gedanken, und wir brauchen die Freiheit des Wortes – und das nicht nur hinter vorgehaltener Hand.

Wie oft habe ich es erlebt, daß jemand zu mir kam und sagte: „Sie haben ja recht, aber müssen Sie das unbedingt in aller Öffentlichkeit sagen?" Daß Rechtsextreme in solch einem Klima an Boden gewinnen, liegt auf der Hand. Sie geben vor, die vermeintlichen Tabus zu brechen, und schaffen es auf diese Weise, daß sich ein Teil der Wähler nur noch von ihnen verstanden fühlt. Nach dem Motto: Endlich sagt mal einer die Wahrheit.

Die nationalsozialistische Katastrophe mit ihren Verbrechen hat konservatives Gedankengut scheinbar auf alle Zeit kontaminiert, völlig unabhängig davon, wer in Wirklichkeit der geistige Vater (oder die geistige Mutter) war. Wer sich dennoch auf verseuchtes Terrain wagt, wird als Aussätziger unwiderruflich aus der demokratischen Gemeinschaft verstoßen.

Hingegen haben wir offenbar kein Problem mit Menschen, die sich ihr halbes Leben in linksextremistischen Kreisen bewegt haben. Im Gegenteil: Wir machen sie sogar zu Ministern – egal ob sie aus der steinewerfenden Spontiszene stammen, in kommunistischen K-Gruppen aktiv waren oder als RAF-Anwalt gearbeitet haben. Alles das ist mittlerweile salonfähig geworden – Hauptsache der sogenannte Kampf gegen rechts geht weiter.

Das freie Wort muß stärker sein

Im Bundestag und in einigen Landesparlamenten gibt es eine Partei, die sich „Die Linke“ nennt. Wäre es vorstellbar, daß es mal eine Partei gibt, die sich „Die Rechte“ nennt, wie es vielleicht demokratietheoretisch richtig und notwendig wäre und wie es sich vielleicht eine nicht geringe Zahl von Mitbürgern wünscht, ohne es offen auszusprechen?

Im Gegensatz zur Linkspartei, die die direkte Nachfolgepartei der SED ist, die für das kommunistische Unrechtsregime verantwortlich war und deren Vermögen und Personal ohne Scham geerbt hat, hätte eine mögliche Rechtspartei mit Sicherheit weder biologisch noch ideologisch oder materiell etwas mit den Nazis von damals zu tun. Dennoch wäre einer solchen Partei wohl kaum Erfolg beschieden. Schließlich gilt in unserer Gesellschaft nur der als demokratisch, der „links“ ist bzw. zumindest „rechts“ ablehnt.

Political Correctness wendet sich letzten

Endes genau gegen das Gut, zu dessen Verteidigung wir gerade durch unsere Geschichte besonders aufgerufen sind: unsere Meinungsfreiheit. Feigheit und Duckmäusertum dürfen aber nie stärker sein als das freie Wort. Was in den sechziger Jahren als sinnvolle Auseinandersetzung mit der Diskriminierung von Minderheiten begonnen hat, endet heute als pauschale Dämonisierung und Stigmatisierung aller Andersdenkenden. Montesquieu wußte bereits: „Dort, wo es keine sichtbaren Konflikte gibt, gibt es auch keine Freiheit."

Unserer Gesellschaft wäre geholfen, würde sie beherzigen, was Voltaire schon im 18. Jahrhundert gesagt hat: „Mein Herr, ich teile Ihre Meinung nicht. Ich werde aber bis zu meinem letzten Atemzug dafür kämpfen, daß sie Ihre Meinung frei äußern können." Ein Satz, der entwaffnet und die politisch Korrekten als die eigentlichen Intoleranten entlarvt. Ein Satz, der uns alle nachdenklich stimmen sollte.